Rolf Friedrich Schuett

Leib und Logik, Wahrheit und Begriff, real, ideal, unbewusst

Eine ganze Geisteswelt aus Urteilchen

FSC
www.fsc.org
MIX
Papier aus ver-
antwortungsvollen
Quellen
Paper from
responsible sources
FSC® C105338

Rolf Friedrich Schuett

Leib und Logik, Wahrheit und Begriff, real, ideal, unbewusst

Eine ganze Geisteswelt aus Urteilchen

Books on Demand

Bibliographische Information Der Deutschen Bibliothek:
Die Deutsche Bibliothek verzeichnet diese Publikation
in der Deutschen Nationalbibliographie; detaillierte
bibliographische Daten sind im Internet abrufbar über
http://dnb.ddb.de

Herstellung und Verlag :
BoD – Books on Demand, Norderstedt

Printed in Germany

ISBN 978-3-7543-1929-1

INHALT

Für Elke
in Liebe und Dankbarkeit

Leib und Bein, Brust und Bauch, Herz und Hirn, Hand und Fuß, Fleisch und Blut

Der Geist ist der Kerker des Leibes? Aber die Zelle
war doch immer offen! Der Körper ist der Kerker
des Geistes? Aber die Zelle ist doch leer!

Manchen zieht es in die große weite Welt hinaus,
als ginge es in den Mutterleib zurück.
Aber auch umgekehrt.

Feministinnen gelten als Damen ohne Unterleib,
die ihre Zauberkünstler verklagen.

Raum und Zeit. Liebe ist, wenn zwei Leiber zugleich
am selben Ort sind und gleichzeitig Ein Fleisch
zugleich an zwei Orten ist.

Spiritismus? Leibhaftverschonung.

Wer den Geist(reichen) nicht ehrt,
ist den Leib(haftigen) nicht wert.

„Der Geist, der stets verneint", ist der Körper,
der stets bejaht, und der liebe Gott fragt uns
bis zum Tode die Seele aus dem Leibe.

Jeder weiß, ob er körperlich
und ob andere geistig behindert sind.

Die Seele ist ein Wunschtraum von Holzköpfen
und der Körper eine Erfindung der Geistreichen.

Lieber vom bösen Körper bedrängt sein
als von allen guten Geistern verlassen!

Körper bilden Massen, Individuen den Geist.

Einst wollten Ärzte von psychosomatischen Leiden
nichts wissen. Heute reden sie von seelischen Ursachen, wenn sie die körperlichen nicht finden.

Am Anfang war das Wort.
Das Wort war „Fleisch".

PoEthik. Die kürzeste Verbindung zwischen Hirn-
masse und Sitzfleisch ist das fehlende Rückgrat.

Wir sind wohlhabend, wenn das Fleisch im Topf
billiger ist als das im Bett.

Das schwächste Fleisch hält sich für klüger
als der willigste Geist, weil es immer nachgibt.

Zwei Vegetarier *erkennen* sich
und werden Ein Sojafleisch.

Wenn einer mal kein Fleisch isst oder streichelt,
muss er noch nicht Geist haben.

Der Menschengeist ist ein Gespenst
oder Fleisch von Gottes Fleischlosigkeit.

Auch Köpfe kommen schon wieder vor —
das Verstandgericht.

Kopfarbeit macht das Geistesleben sauer,
und voller Bauch studiert Diätkochbücher.

Wer sich den Kopf verdrehen lässt,
sieht nicht Kehrseiten, sondern Verfolger.

Wer ein Dach überm Kopf hat,
hat noch kein Köpfchen unterm Dach,
doch mehr Dach- als Sachschaden.

Wer nicht mit dem Kopf gegen die Wand rennt,
lebt schon in der Gummizelle.

Als Dummkopf gilt nur,
wer das Pulver auch nicht erfunden hätte.

Weniger Kopf wollt ihr heute?
Seid ihr denn je mehr als nur Bauch gewesen?

Blut, Schweiß und Tränen :
International anerkanntes Desperanto.

Nur der Verkehr ist verkehrt, der das Blut,
das er aufrührt, auch vergießt.

Nur Taube gehorchen. Wer Musik im Blut hat,
hat oft nur Bohnen in den Ohren.

Handeln ist Denken, dass Hände denken.

Schriftsteller können die Welt
nicht weiterbewegen als die Herzen von Lesern.

Auf dem Mond und hinterm Mond ist jedem
das Herz nur noch ein Sechstel so schwer.

Der Stein, der dir vom Herzen fällt,
liegt vielleicht deinen Freunden im Weg.

Man muss kein Arzt sein, um das Gehirn eines Genies als bösartigen Tumor zu behandeln. (Hand aufs
Herz : Auch schon Fortschrittmacher eingesetzt?)

Dein Infarkt ist zwar nur eine kleine Aufmerk-
samkeit, kommt aber von Herzen deines Feindes.

Wer aus seinem Herzen keine Mördergrube macht,
hat aus seiner Mördergrube sicher ein Herz gemacht.

Liebe ist, wenn ich dich in mein Herz geschlossen
habe, das ich an dich verloren habe.

Nur Herzlose bekommen Herzinfarkt.

Viele treten einander auf die Füße,
um miteinander auf gutem Fuße zu stehen.

Eine Sache, die vergehen kann und zu be-greifen ist,
hat Hand und Fuß.

Wer Genies nicht zu Geiste rücken kann,
rückt ihnen zu Leibe.

Der Selbständige steht mit beiden Beinen
auf mehr als eigenen Füßen.

Was man in den Beinen hat, darf man nicht im Kopf
haben, aber was man an Gedanken im Kopf hat,
hat man oft an Kalk in den Beinen.

Vor allem stellt das Kapital etwas auf die Beine,
die ihm gestellt werden.

Neurotiker haben die Beine,
die sie nicht zwischen den Beinen haben, im Kopf.

Der Zwerg auf den Schultern der Riesen sähe weiter
als sie, wenn sie nicht längst unter der Erde lägen.

Nichts platter als nur zwei Seelen in der Brust.

Der Leib kann nicht so, wie die Seele will,
der Geist kann nicht so, wie der Körper will:
Was ist komischer?

Dem Geist fällt es schwer, mehr zu werden,
und dem Leib schwerer, weniger zu werden.

Einst hielt man sich den Leib vom Leib,
heute Seele, Geist und Gott.

Der Leib spielt das Skelett einer Seele.

Durch Herz und Bauch ist jeder mit dem All
nicht blutsverwandter als durch sein Hirn.

Einst versinnbildlichte Kunst noch gute Ideen,
heute nur Sinn für Bauchgefühle.

Eine Sache mag Hand und Fuß und eine Ursache
einen Bart haben, ihre Urursache hatte Flossen
und Schuppen.

Man muss nicht den Kopf verlieren,
um den Bauch wiederzufinden.

Leere Taschen. Du spürst deinen leeren Bauch,
nicht deinen hohlen Kopf.

Nennst du dein Herz, was kopflos im Hirn liegt,
und dein Köpfchen, was herzlos im Bauch sitzt?

Ist nackte Wahrheit der Leib unterm Kleid
oder das Blut unter der Haut?

Wer sein Herz ausschüttet,
hat noch keinen Tropfen Blut gespendet.

Lieber graue Theorie in grauen Zellen
als blaue Bohnen und blutrote Praxis!

Wer das Fleisch nimmt, lässt dir meist die Knochen
und nicht den Geist.

Der Mensch ist ein Chaos mit Knochengerüst
oder ein automobiler Stein.

Was nur Hände und Füße hat, hat deshalb
noch nicht Hand und Fuß.

Niemand macht sich die Hände schmutziger
als reine Kopfarbeiter.

Redoute Kultur : Elfenbeinturm zu Babel.

Schreibtische sind allen Straßenbarrikaden
elfenbeinturmhoch überlegen.

Die Zeit vermisst ihre Leuchttürme,
als wären es keine Elfenbeintürme.

Beide Beine fest auf der Erde verraten den Himmel.
Der Kopf sühnt ihn.

Nietzsche : Sitzzwerg auf den Schultern
seines Übermenschen.

Vergiss nicht, dass du alles vergisst,
und vergiss, dass dein Leib gar nichts vergisst!
(Menschliches Herz : Flachkopf als Abgrund.)

Wer so viele geistige wie leibliche Kinder will,
bleibt steril.

Entseelte und Seelenlose suchen Animateure,
Entleibte und Körperlose Korporationen.

Denken und Handeln halten
Leib und Seele auseinander.

In tausend gesunden Körpern steckt
oft nur *ein* gesundes Volksempfinden.

Was ich nie in der Hand und im Bauch hab,
hab ich immer im Kopf.

Entschädigt volles Herz, voller Hals und Mund
und volle Tasche für leeren Kopf?

Goliath ist nicht ins Schleudern zu bringen
durch den Stein der Weisen, der oft vom Herzen
auf die Füße fällt.

Herzensbildung. Mein Herz geht mir durch den Kopf
– hindurch.

Eltern hier herzen und küssen ihre Wonneproppen
nicht, sie dressieren die lieber zu Mannedeppen.

Der einzige rote Faden, der sich durch
die Weltgeschichte zieht, ist die Blutspur.

Werden Mann und Frau Ein Fleisch,
endet ihre Beziehung.

Lebewesen : kurz eingefleischte Totengerippe.

Wer hierzulande Sozialrevolutionen will,
muss nur Fußballspiel und PKW verbieten.

Geht es gut, wenn man nicht gut zu Fuß ist?

Leib und Seele sind getrennt, seit unser Geist
nicht jedes Mal zusammen mit dem Körper
getroffen sein will.

Komisch nur, dass es so viele Geisteskrankheiten
in sportlichen Körpern wie gesunden Menschenverstand von Genies in kränklichen Leibern gibt.

Der Mensch auf Wandersfüßen ist das
einzige *Perpetuum automobile* ohne KI.

Gab es je Klassenkampf zwischen den in leiblichen
und in geistigen Kindern Überlebenden?

Leib und Seele sind eins, heißt es nun.
Das stimmt, denn Geist haben beide nicht.

Die Seele ist für den Leib oft zu geistreich
und für den Geist zu leibhaftig einverleibend.

Mode verkleidet alles an uns, außer Hohlköpfe.
Sie ist die herrschende Religion des Leibes und
Religion nun die bedienende Seelenmode.

Leibesertüchtigung war immer die leichteste Art,
an Denksport hochgerühmt vorbeizukommen.

Oft will *sie ihn* durch ihren Körper verführen,
ihre Seele oder ihren Geist zu preisen.

Wirf den ersten Stein, der dir vom Herzen fällt!

Fortschritt erhob Geistiges über Körperliches:
Man verhöhnt nun Dummköpfe, nicht Krüppel.

Der Stein der Weisen fällt oft
vom Herzen auf die Füße.

Herzensbildung zählt heute zum Bodybuilding.

Um ganz Vernunft anzunehmen, muss man
schon halb Herz, halb Kopf und Verstand verlieren.

Jugendtorheit, Herzensbildung, Altersweisheit:
das einzige Wissen ohne Universitätsgrad.

Analphabeten sind Herzensgebildete,
die Bestseller lesen.

Infarkt bekommt, wem nie das Herz gebrochen.

Liegt bei Intellektuellen der Standpunkt
im Sitzfleisch?

Das Sitzfleisch kommt oft weiter als die Füße.

Was Zähne hat, spitze Zunge, großes Maul
und guten Riecher, ist noch kein Kopf.

Fallt nicht in den Elfenbeinschacht von Babel!

Auf *Freuds* Couch liegen oft zugleich
mehr als zwei Seelen in einer Brust.

Heute wird uns alles auf den Leib geschrieben,
damit es nicht auf den Geist geht.

Wer vom Menschen den Körper abzieht,
behält keinen Geist übrig, und wer die Seele abzieht,
keinen Leib.

Der Leib will etwas, und die Seele bringt es,
oder sucht der Geist etwas, und der Körper holt es?

Künstler verschleiern ihre Hüllen durch nackte
Körper und enthüllen unsichtbare Leiber durch
bloße Kleider.

Geist ist keine Nebenwirkung des Körpers,
doch leibliches Wohl ein Placebo des Kopfes.

Ruht der Geist, reist der Leib.

Einst war die Seele die Form des Leibes und
der Rohstoff des Geistes. Heute ist sie Psychologin.

Zum Glück ist meine Welt größer als mein Körper
und das Weltall größer als eure Umwelt.

Die Seele überlebt den Körper
wie der Blick das Auge.

Die meisten bleiben körperlich fit und gesund
nur für spätere Geisteskrankheiten.

Der antiautoritäre *Adorno* war für die Studenten
eine Autorität. Das brach ihm zu früh das Herz.

Wer sein Herz verliert, gewinnt noch keinen Kopf
und entdeckt noch nicht seinen Kopf.

Das Hohe steht auf schmalem Fuß, das Niedrige
sitzt auf breitem Arsch, und beides liegt in tiefem
Dreck.

Das Herz ist eine Kopfgeburt,
der Kopf ein Herzenswunsch.

Ein Buch sollte schwerer sein als Kopf und Herz.

Ein offenes Herz ist kein blutiger Entschließmuskel.

Werde ich mit Steinen beworfen, fallen sie mir
vom Herzen : Ich bin getroffen, doch nie gemeint.

Hilfsbedürftige treffen auf Hartherzigkeit,
die sich Hilfsbedürftigkeit nennt.

Deine freie Wahl trifft dich aus heiterem Himmel
ins Herz.

Geheimdienste sind Internet-Internisten,
die unser Hirn und Herz abhören.

Hirnforscher haben herausgefunden,
dass die Autonomie des Unterleibs und
des Oberstübchens sich gern freie Souveränität
des Menschen nennt.

Die Brust will sich brüsten, die Hand will handeln,
der Kopf will köpfen, doch die Schulter gar nichts
schultern.

Geist gilt inzwischen als Todsünde
wider die heilige Schweinefleischeslust.

Den leeren Köpfen ist schon alles in Fleisch
und Blut übergegangen.

Artistik besiegt die Schwerkraft,
wo sie dem Leichtfuß erliegt.

Auch Fußtritte bringen oft einige Schritte weiter.

Die Gedanken sind nun frei –
von Hand und Fuß und Kopf.

Der eine Mund isst mehr, als zwei Augen sehen, und
das eine Hirn begreift mehr, als zwei Hände greifen.

Das Glück der Erde liegt auf dem Rücken
zu Tode gerittener Steckenpferde.

Wachs in den Händen wächst nicht.

Im Oberstübchen des Untertans
wohnt der Unterleib der Obrigkeit.

Bei der Geburt schreit man aus Leibeskräften.
Beim Tode ist auch nicht viel mehr los.

Ein Liebender bekleidet sich am liebsten
nur mit dem bloßen Leib des anderen.

Bloße Köpfe atmen leibhaftige Sinnlichkeit,
nackte Körper nur abstrakte Mechanik.

Wenn Leib und Seele und Geist eins wären,
könnten sie nicht voreinander schützen.

Die meisten arbeiten gern sehr viel mehr,
als für ihr Leibeswohl nötig wäre, um unbezahlter
geistiger Mühe zu entgehen.

Zwischen Unterleib und Oberstübchen trennt
und vermittelt ein Herzklopfen, das beide Sprüche-
klopfer nicht kennen.

Der gewöhnliche Geist ist mit viel Körper,
der anmutige Leib mit viel Seele bekleidet.

Niemand hat guten Geschmack,
bei dem der Leib schlecht zu seiner Seele passt.

Der Leib bewegt die Seele und der Körper bewegt
den Geist wie die Fahne den Sturm.

Das körperliche Schuften für Schufte
ist die einzige Hochleistungsart,
die keine Anti-Doping-Gesetze kennt.

Ein Mann will keinen weiblichen Körper haben;
warum soll die Frau sich einen männlichen Geist
wünschen? Meist verbirgt sie ihm ihre Leibes-
fülle und er ihr seine Geistesarmut.

Im Abstand von ihnen werden Körper
immer kleiner und Geister immer größer.

Blutwäsche soll das Blut reinigen, ein Blutbad den
Volkskörper, und Gehirnwäsche verhält sich zum
Gedanken wie Waschmaschinen zur Unterwäsche.

Der Raum hat die Größe der Körper,
die Seelen haben die Größe der Zeit.

Geisteskraft bewegt Stubenhocker,
Geistesträgheit hält den Körper fit.

Auch das metaphysische „Dreikörperproblem"
von Gott und der Welt und der Seele in Bewegung
war immer unberechenbar chaotisch.

Wird der Kopf vom Bauch erniedrigt,
retten ihn Mathematik oder Idealismus.
Wird der Bauch vom Kopf beleidigt,
rächen ihn Kopfschmerzen oder Hirnforscher.

Dein Ich denkt, dein Bauch oder Hirn lenkt?
Descartes 1900: Mein Bauch denkt, also ist er
mein Ich. *Descartes* 2000: Mein Hirn denkt,
also ist es mein Ich.

Der Kopf ist deine Krone. Brust und Bauch legen
den König stets unters blutrote Fallbeil.

Wer nicht für den Bauch arbeiten muss,
arbeitet noch lange kein Buch durch.

Hasenherzigkeit schlägt Barmherzigkeit.

Wer dich im Leben übertrifft, trifft dich ins Herz.

Du hast nur *ein* Hirn, wie du nur *ein* Herz hast,
und zwei Hände wie zwei Hoden.

Geld füllt leere Taschen und Bäuche,
nicht Köpfe und Herzen.

Bevor Herz werden kann, was Hirn war,
muss Hirn werden, was Hoden und Hymen war.

Was einer auf dem Herzen hat,
gehört oft besser ins Hirn.

Zwei Hände für Geben und Nehmen, zwei Beine für
Gehen und Stehen, doch dasselbe Organ für Sprechen und Speisen, dasselbe für Poppen und Pissen.

Der Zwerg sieht weiter auf den Schultern des
Riesen, der Riese geht weiter auf den Schultern
der Zwerge.

Pascal. Gedankenfreiheit kommt
als Gedankenlosigkeit auch von Herzen.

Jeder sagt dir Besseres ins Gesicht,
als du ihm in den Rücken denkst.

Mit dem Rücken zur Wand sitzt man gern
und steht man schlecht.

Des Gedankens Blässe sucht gern Blutbäder.

Auf jedem Schlachtfeld sollte es einen Elfenbeinturm geben, aber im Elfenbeinturm nicht
wieder ein Schlachtfeld.

Keins der hohen Weltwunder ist eine der tiefen
Fleischwunden wert, die sie ermöglichten.

Wer nicht mit beiden Beinen fest auf der Erde
bleibt, ist aufgestiegen oder geflogen.

Wer dir Knüppel zwischen die Beine wirft,
hält dir keinen Spiegel vor.

Ein Philosoph blutet nicht durchs Leben.

Erträgt er nicht unser fleißiges Teamwork,
sehen wir ihn im Elfenbeinturm verfaulen.

Ein Kirchturm ist leider auch nicht mehr
der Elfenbeinturm des Heiligen Geistes.

Aphorismen stellen etwas auf die Beine,
indem sie es auf den Kopf stellen.

Arbeitsstellen werden immer mehr Arbeitslager
und Fußballplätze Arbeitsplätze.

Der Fuß, nicht der Kopf geht zu Grunde
an der Welt, der er auf den Grund geht.

Erwachsene wären kein Wachs in den Händen
des Wachstums.

Maul faul, Hände rührig, Füße fleißig
und Kopf verfault?

Logisch gelogen?

Die meisten verstehen alles außer der Logik
und gar nichts außer zu handeln.

Logik der Liebe. Ich bin du. Du bist ich.
Also bin ich doch ich selbst.

Vor Aphorismen sind Logik und -logien
nur Logorrhoe.

Psychologik. Ich liebe dich, du liebst mich,
also liebe ich mich selbst. − Ich bin nicht du.
Du bist nicht ich. Also bin ich nicht ich, sondern du.

Logisch gelogen? Logik ist besser als nichts.
Nichts ist besser als Erfahrung.
Also ist Logik besser als Erfahrung.

Moderne Gespräche sind di-alogisch.

Psychologische Entschlüsse verschließen sich gern
logischen Schlüssen.

Nach Freiheit ruft, wer widerspruchsfreien
logischen Gesetzen zwanghaft widerspricht.
(Zwänge erzwingt, wer Triebe befreit.)

Geht dir auf, warum und wozu logische
Gleichungen mal aufgehen?

Die Seele ist unsterblich, wo sie Geist hat
und ewig gültige Logik versteht.

Die Logik ist ein Wahrheitsknigge, wie der Kopf
im Leben vorankommt, indem er konsequent
nur die Formen wahrt.

Die Logik ist noch analog, Analogie schon digital.

Sind Logiker Naturwissenschaftler des Geistes
oder Geisteswissenschaftler der Natur?

Logik ist die Kunst, schwere Dinge
wie luftige Ideen zu behandeln u. u.

Dass es eine bezwingende Logik gibt,
ist nicht logisch zwingend.

In der Logik vertreten notwendige Widersprüche
den möglichen Widerstand von Wirklichkeit.

In der Logik gibt es friedliche Befriedigung für die
meisten um den Preis von Leere und Langeweile.

Todesangst flieht gern in zeitlose Logik,
das verknöcherte Skelett des Denkens.

Logik macht niemanden konsequenter,
Ethik nicht besser, Physik nicht natürlicher,
Biologie nicht lebendiger, Theologie nicht frommer,
Ästhetik nicht schöner und kreativer.

Wittgenstein : Lyrik, Ethik, Musik und Mystik
der mathematischen Logik.

Dass menschlicher Wille frei ist, folgt logisch
konsequent und in vollem Determinismus
aus der Würde der gottgeschaffenen Seele.

Dialektische Logik : $(3 * 0) = (0 * 0)$
Beide Seiten der Gleichung durch 0 dividiert
ergibt : $3 = 0$ (q. e. d.)

Vereint Logik, was in Mystik eins
und in Physik entzweit ist?

Junge treiben Logik, um erwachsen zu werden,
der Alte treibt Lyrik, um jünger zu wirken.

Logische Formen sind stets modern,
weibliche vermodern modisch.

Logische Konsequenz muss zu realer Kausalität
werden − oder umgekehrt.

Als Evolutionsprodukte erkennen wir von der Welt nur,
was unserer Selbsterhaltung frommt −
außer ihrer Logik.

Die einzige menschenmögliche Perfektion
der Welt gibt es in mathematischer Logik,
deren Grundlagen selbst Paradoxien sind.

Mathematik, angewandt auf Natur, ist Physik,
angewandt auf Sprache, ist Logik, und
angewandt auf Ethik ist wertfrei oder wertlos.
Ist Ethik nur angewandte Theologik?

Ist es unlogisch, dass laut *Gödel* nicht alle
logischen Gesetze logisch beweisbar sind?

Warum ist Logik notwendiger als die Welt,
die ja auch immer ganz anders sein könnte?

Logik ist die Moral des Wissens
und Moral die Logik des Willens.

Inkonsequenz : die Tatkraft der reinen Logiker.

Logik ist in Wahrheit überall,
also in Wirklichkeit nirgends.

Logik, Lyrik und Musik sind eins: Sie haben
keine realen Objekte und nichts zu sagen.

Berechnende Logik menschlicher Beziehungen
ist nicht Psychologie mathematischer Relationen.

Wissenschaft, (str)enger als Lebenserfahrung
und laxer als Logik, ist weder Witz noch Weisheit.

Sah *Kant* Raum und Zeit an statt Körper darin
und die Logik jede Physik fundieren?

Nicht alles, was gegen Widersprüche spricht, ist
schon logisch, doch was für Widersprüche spricht,
noch psychologisch.

Gott existiert, da das Wesen der Welt logisch ist. –
Satan existiert, da *das* nicht logisch ist.

In der Physik geht es logischer zu
als in der Logik mit natürlichen Dingen.

Formale Logik : der Gefrierfachbereich des Kopfes.

Die Logik ist voller Widerspruch –
zu allem, was sich widerspricht.

Logik ist die Logistik der Denkwege
und menschlichen Verkehrsformen.

Sind Logiker Naturwissenschaftler des Geistes
oder Geisteswissenschaftler der Natur?

Logische und kausale Folgerichtigkeit
verhalten sich wie Zwang und Zufall.

Logische Schlüsse lassen sich durch
psychologische Entschlüsse nicht öffnen,
aber schließlich offenbaren.

Am Schluss kommt schließlich der logische
Schluss, das vollendete Ende, der Nachschlüssel
zum Luftschloss. Es ist weise, dass logische
Beweise unsterblich machen.

Der schneidende Aphorismus unterbricht
keine logischen Schlussketten, sondern
nur den ewigen Geredefluss.

Aus keinem logischen Schluss folgen
die Prämissen, aus denen er folgt.

Was zeitlich aufeinander folgt,
folgt nicht notwendig logisch auseinander.

Mancher fühlt sich eher verfolgt von logischen
Folgerungen als von realen Folgen und Erfolgen.

Die seltensten Gedanken, die wir uns machen,
sind logische oder neue.

Liebe ist unlogisch, „weil der Degen in die Scheide
geht, so geht auch die Scheide in den Degen“.

Logische Schlüsse eröffnen selten
psychologische Entschlüsse.

Stammen 200 Jahre nach *Kant* unsere kategorialen
Gegenstandsformen aus den formallogischen
Urteilsformen von *Russell* statt von *Aristoteles*?

Pragmatismus : Die Aphorismen sind weder
logisch *deduziert* noch *induktiv* verallgemeinert,
sondern erschließen *abduktiv (Peirce)* aus dem
verblüffenden Resultat und der generellen Regel
den hypothetisch wahrscheinlichsten Sonderfall.

Es ist falsch, wenn aus Logischem Empirisches
folgt, denn empirisches Urteil kann falsch sein:
Es ist falsch, wenn aus Logischem Falsches folgt.

Philosophischer Logos war nicht der Weg von reli-
giöser Mythologie zu wissenschaftlicher Logik.

Philosophie: Logik, Ethik, Physik: Gott, Seele, Welt:
Denken, Wollen, Fühlen: das (erkannte) *Wahre*,
(moralistisch) *Gute* und (naturidyllisch) *Schöne*.

Soll man Philosophien logisch formalisieren
oder Logikkalküle philosophisch interpretieren
oder weshalb beides lieber unterlassen?

Ist es folgerichtig, logisch zu denken,
oder vernünftig, Vernunft anzunehmen von mir
und Verstand zu verlieren wie ein Spiel?

Wenn du stirbst, verlässt du diese Welt;
sterben Logiker und Lyriker, kehren sie
in die Welt zurück.

Das Weltall ist älter als die Weltgeschichte
und diese älter als deine Lebensgeschichte.
Älter als das Weltall ist die Logik, älter
als die Logik sind Gott und das Tohuwabohu.

Logik ordnet nicht, was Leben verwirrt,
sondern Kunst bringt kunstvoll durcheinander,
was formale Logik geklärt hat.

Irrenhäuser sind voll von messerscharf schließenden
Logikern, die ihren Unverstand verloren haben und
keine Unvernunft annehmen wollen.

Logik : Die einzig sicheren Wahrheiten sind
die einzigen, die niemanden interessieren,
dem sie die Grenzen seiner Verrücktheit zeigen.

Der Logiker ist selten offen für aufschlussreiche
Schlüsse auf konsequente Entschlüsse.

Wer Logik auf uns anwendet, raubt ihr die Schärfe:
Wer ihre Schärfe rettet, (er)löst uns vom Leben.

Nichts ist weniger banal als das einfachste Leben
und nichts komplizierter als das Triviale aller Logik.

Aufregend unaufgeregt. Aus Lüge folgt eher Logik
als Lüge aus Logik.

Die Muttersprache ist Metasprache der Logik,
die Metasprache aller Wissenschaftssprachen ist,
die Metasprachen aller Umgangssprachen sind.
Ist Logik die einzige Form, die Natur und Geist
gemeinsam haben?

Real, ideal, ideell, materiell und ideologisch

Realisten haben alle Brücken vor sich abgebrochen.

Auch Künstler sind Realisten:
Sie bleiben auf dem fliegenden Teppich.

Die häufigste aller Illusionen
ist die Flucht in die Realität.

Politik heißt, philosophische Fragen
durch ständige Realisierung abzuwehren.

Für Phantasie bin ich nicht Realist genug, für
Realismus habe ich nicht genug Phantasie, und
wenn Materialisten die Wahrheit über Ideale sagen,
sagen nur Idealisten die Wahrheit übers Materielle.

Unsere kühnsten Träume würden nur noch
übertroffen von der Realisierung der feigsten.

Ziele und Pläne sind die Träume der Realisten.

Früher hoffte ich auf den größeren Realismus
der Pessimisten, heute bin ich da pessimistischer.

Dass das Bewusstsein das Sein bestimmt,
ist für Idealisten eine Realität
und für Materialisten ein Ideal.

Für Realisten ist die Welt im Arsch,
für Idealisten im Unaussprechlichen.

Logisch gelogen? Ideen sind besser als nichts.
Nichts ist besser als die Realität.
Also sind Ideen besser als Realität.

Das meiste, was sich heute 'selbstverwirklicht',
hätte besser die Möglichkeit realisiert,
bloße Möglichkeit zu bleiben.

In der Jugend ist jeder des anderen Traum,
der ihn hindert, sich in der Realität zu verlieren.
Erwachsen wird jeder für jeden die Realität,
die ihn hindert, sich in seinen Idealen zu verlieren.

Der Realist ist einer, der zu seinen Halluzinationen
immer gleich die passenden Deshalluzinationen hat.

Für Idealisten sind Träume eine Flucht in die
Wirklichkeit, für Realisten ist die Wirklichkeit
eine Flucht vor Wunsch- und Alpträumen zugleich.

Ob Psychiater überflüssig sind, hängt davon ab, ob
Menschen ihren Realismus für eine Depression halten oder ihren Idealismus für eine manische Phase.

Wer Landschaften Landkarten vorzieht,
ist noch kein praktischer Realist, und
wer Landkarten Landschaften vorzieht,
noch kein Intellektueller oder Militarist.

Wer keine Illusionen zu verlieren hatte,
leidet an Realitätsverlust.

Ideale werden heute dadurch realisiert,
dass Realismus idealisiert wird.

Dass alle meine Darstellungen die Realität
verfälschen, gehört zur Realität. Aber sie verfälscht
mich so sehr, bis ich sie unverzerrt wiedergebe.

Mancher sieht die Realität nicht,
weil kein Ich ihm den Blick darauf verstellt.

Jugendliche träumen von der Wirklichkeit,
Erwachsene von der Realisierung ihrer Träume
und Greise von ihren Jugendträumen.

Realisten sind die Kellerbewohner des Weltgebäu-
des, die das Dachgeschoß für ein Luftschloss halten,
das ihre Gegner für ein Lustschloss halten.

Realität ist die Konfektionsgröße der Wahnwelt
für die Mehrheit außerhalb der Irrenanstalten.

Um reale Menschen wahrzunehmen,
genügt es kaum, an Geister nicht zu glauben.

Materialismus ist Reduktion von Realitätsbezug
auf Jahresbezüge.

Realist ist einer, der die guten Dinge so nimmt,
wie sie nie von selber kommen.

Materialismus ist Idealismus der Gehälter,
Idealismus ist Realismus der Geister.

Ein Idealist ist ein Materialist, der den Schuh drückt.

Für Materialisten steckt hinter allem
Außerordentlichen nur extra Ordinäres.

Es ist nicht jeder ein Intellektueller,
der sich aus seiner Materie herauskniet.

Auf den „Spuren" *Blochs* wird jedes Stückchen
Materie eine *Magna Mater*, Teufels Großmutter,
an der man aufrecht zum Grunde geht.

Philosophie ist eine Alternative zur bloßen Alternative von materialistischen Reden über Geister
und geistreichen Reden über materielle Dinge.

Am besten unterhalten uns Menschen, die wir
zu unterhalten verstehen — materiell wie geistig.

Idealisten fragen, wozu Materialisten leben.
Diese fragen, wovon jene leben.

Die Hauptsache ist für Idealisten nur eine Sache
des Hauptes, das die Hauptrolle spielt;
Materialisten kommen zur Nebensache
und Fromme zur Überhauptsache.

Der Arme ist Materialist, da er nur vom Materiellen
träumt, und Idealist, da er davon nur träumen kann.
Reiche können sich Idealismus oder Idealisten
leisten und Ideen kaufen.

Wem abstrakte Gedanken zu hoch sind,
dem sind konkrete Ideen auch zu tief oder zu niedrig.

Der wirkliche Intellektuelle verwirklicht
seine Ideen, er handelt — mit ihnen.

Auch Intellektuelle sind Wüteriche,
alles bringt sie auf — Ideen statt Orchideen.

Ideen sind nur gebildete Wünsche, sagen Leute,
die keine haben.

Jeder meiner Ideen bin ich nur überlegen
durch die Kraft, noch andere zu haben.

Wer nur von der Realität bestimmt wird,
wird zumeist von der Mehrheit überstimmt,
aber wer von der Mehrheit überstimmt wird, stimmt
deshalb nicht schon mit der Wirklichkeit überein.

Wer sich für die Idee opfert, dass jeder für Ideen
leben statt sterben soll, war ein Philosoph.

Die Idee, Ideen seien nur Stoffe für die Interessen-
verkleidungsindustrie, ist ein gutes Alibi,
keine zu haben.

Eine Idee ersetzt viele Taten,
doch keine Untat auch nur eine untätige Idee.

Rasender als jede fixe Idee
macht die mobilgemachte Einfallslosigkeit.

Wer Menschen verletzt, hat es nicht geschafft,
ihre Ideen zu widerlegen.

Wo der Geist kein Gespenst ist,
braucht es keinen Idealismus.

Wirklichkeit ist wirklich nicht das Ideal
jedes Ideals, sondern zumeist das Wir-cliché.

Sehen deine Gedanken dir ähnlich,
aber du nicht ihnen, bist du ein Idealist.

Meine Ideale sind so hoch über mir, dass ich sie
nicht mehr sehe, bis mir eins auf den Kopf fällt.
Andere haben ihre höchsten Ideale unter sich.

Miss dich an deinen Jugendidealen, um dich
nicht mit uns messen zu müssen, und umgekehrt.

Nicht jeder ist Idealist,
der sein Äußeres durch sein Inneres verbirgt.

Ist es oft nicht etwas leichter,
sich vor seinem Gewissen schuldig
als vor seinem Ideal minderwertig zu fühlen?

Nach *Kant* holen wir aus der Welt nicht mehr
heraus, als wir zuvor in sie hineingesteckt haben:
Die Idealisten waren keine Unternehmer.

Aus dem, was wirklich passiert, ist zu prophezeien,
was wir träumen werden.

Wer sich nur *selbstverwirklicht*, ist wie jeder
andere und mancher sich selbst nur treu,
indem er tut, was alle tun.

Wirklichkeit ist das, was Wunschträume
als Alpträume entlarvt.

Neue Utopien sind nur Träume
vom Verwirklichen uralter Träume.

Seit *Freud* wissen wir, was die Wirklichkeit
von den Idealen trennt : die Inzestschranke.

Im Irrenhaus sitzen nicht jene, die in ihrer Selbst-
entfaltung behindert wurden, sondern alle,
die sich vollkommen selbstverwirklicht haben.

Werde Herdentier, verwirkliche dich selbst!

Realität, die mir wirklich nützt und dient,
wirkt unwirklich.

Nichts Wirkliches könnte ganz anders sein, als es ist,
sagen Forscher. Außer der ganzen Wirklichkeit
selbst, sagen Fromme.

Nur die unwirklichste Kunstform
trifft noch die unförmigste Realität.

Was vorgestern wirklich passiert ist,
erfährt man nur von Propheten.

Modern Life : Selbstverwirklichungszwang
oder Schicksalsplanung.

Was in Gedanken schon Wirklichkeit ist,
ist in Wirklichkeit noch gar kein Gedanke.

Wer keine Stromschläge kriegt,
hat noch nie eine Wirklichkeit berührt.

Wer auf Widerstand oder Widerwillen stößt, erfährt
eher die Wirklichkeit als die Wahrheit über sie.

Wirklichkeit ist weniger die Hauptsache
als die Hauptursache ihrer Nebenwirkungen.

Modalitäten. Wirklichkeit hat nun mehr Möglichkeiten, da sie kaum noch Notwendigkeit hat.

Es zählte immer zur Realität, unwirklich,
und zur Fiktion, real zu wirken.

Wer nichts realisiert, verwirklicht sich selbst.

Realitätsverlust ist noch kein Idealitätsgewinn.
Und ist idealloser schon realer?

Man züchtet sich realistische Praktiker,
d.h. ideale Sklaven.

Wenn man sich schon demütigen muss,
dann lieber vor Idealen als vor Realisten.

Was realisierbar wäre, wäre nicht idealisierbar.

Reine Mathematik, die nicht auf reale Dinge zählt,
ist Größen-Wahn.

Paradoxie ist die Form, in der Theorien praktisch,
Abstraktionen konkret, Normen normal und Ideen
realistisch werden.

Wissen beobachtet die Realität so,
wie wenn sie sich unbeobachtet glaubte.
Realismus macht aber Realität überflüssig.

Früher lag die Wahrheit in einer Theorie,
heute nicht mal in der Realität.

Die Idee verhält sich zur Realität nun
wie Schlagsahne zum Schlagwort.

Praktiker realisieren Ideen, um sie dadurch
zu verstehen. Theoretiker verstehen an Ideen nur,
was zu gut ist, davon realisiert zu werden.

Realismus ward unsere einzige Realität,
Naturalismus unsere Natur.

Der Realist lernt das Leben zu früh kennen,
der Idealist zu spät.

Linke kritisieren die Realität durch Utopien,
Rechte die Utopien durch *Platons* Ideen, und
die Mitte die Ideen durch praktische Realität.

Der Künstler misst ein Ideal an seinem Werk.

Hohe Ideale scheinen eher erreichbar
als hohe Begabungen.

Mediale Zeitgenossen sind Idealisten,
ihr Sein ist nichts als Wahrgenommensein.

Tonangebende Ideen sind kein Material,
um Materielles zu idealisieren.

Demokratie ist jene idealistische Utopie, die sich
gern mit der herrschenden Staatsform verwechselt.

Menschenrechte sind jene Utopien,
die sich gern mit dem Rechtsstaat verwechseln.

Statistiken erzeugen den idealen
Durchschnittsmenschen, der sie erhebt.

Ein Ideal weiß nicht, wie man hinkommt,
ein Kunstwerk nicht, wozu es gut ist.

Nur zu hohe Ideale üben keinen Zwang aus,
zu niedrige keine Anziehung.

Nur tiefe Depressionen beweisen,
dass du hohe Ideale hattest und hast.

Der Idealismus landete auf der Flucht
vor Materialisten beim Spiritismus.

Arbeiterklassenprimus. Bürger kommen auf Ideen,
Proletarier dafür auf.

Einst versinnbildlichte Kunst noch gute Ideen,
heute nur fixe Ideen von Bauchgefühlen.

Freiheit ist heute Beherrschtsein von Launen
und fixen Lieblingsideen.

Formale Logik ist die Kunst, schwere Dinge
wie luftige Ideen zu behandeln u. u.

Welchem Kopf entstammt die Idee von einer Idee,
die keinem Kopf entstammt?

Wer sich keine Ideen erwirbt,
muss keine angeborenen haben.

Alte Idee in alter Form : Sprichwort.
Neue Idee in alter Form : Philosophie. Neue
oder alte Idee in neuer Form : Aphorismus.

Opfere dich für eine Idee und sie wird größer,
opfere andere für eine Idee und sie wird kleiner.

Geblendet von Erscheinungen heißt noch nicht
von Ideen erleuchtet.

Fixe Ideen bewegen sich fixer durch die Welt
als Fixsterne.

Rede nur einfach drauflos, und es sprechen aus dir
uralte Ideen und Ideologen, die du gar nicht kennst.

Nur Hochkultur ist Kultur, Popkultur ist Handwerk,
Kunstgewerbe oder Ideologie.

Sein oder Idee, Natur oder Geist,
was ist der bloße Schatten des anderen?

Zur Vollkommenheit von platonischen Ideen
gehört es, dass sie nicht existieren.

Realität sei mehr der Rohstoff einer Idee
als umgekehrt.

Ideen werden zu Papier gebracht,
d. h. zum Leben.

Realisten werden bestraft
durch Fiaskos von Idealisten.

Freiheitsdrang will sich nur
einem anderen Ideal unterwerfen dürfen.

Moderne Freiheit: der ideale Kerker.
Ideale Freiheit: lebenslange Haft in der Gnade.

Als *Frau Welt* und *Mutter Natur*
wird Realität etwas erträglicher.

Logische Konsequenz muss freiwillig
zu realer Kausalität werden − oder umgekehrt.

Der Forscher ist stolz darauf, dass die Realität
gar nicht so aussieht, wie er sie erklärt,
und doch gegen ihn Unrecht hat.

Wirkliches wirkt notwendig und benötigt jeder.
Wer mag Mögliches?

Was gegen einen Aphorismus spricht, ist nur
ein besserer, nicht Wahrheit und Wirklichkeit.

Selbstverwirklichung beraubt sich
aller Möglichkeiten.

Wirklichkeit muss gut sein vor schlimmeren
und schlecht sein vor besseren Möglichkeiten.

In der Logik vertreten notwendige Widersprüche
den Widerstand von Wirklichkeit.

Thackerays "Jahrmarkt der Eitelkeiten" endet nur
an einem Ort : auf dem wirklichen Jahrmarkt selber.

Sind Elementarteilchen real und das unbegrenzte All
nur eine Idee oder nur das Universum real und seine
unendliche Teilung ein bloßes Ideal?

Natur in Zahlen erzählt. Mathematik siegt
in der Physik, weil idealisierende Vereinfachungen
ausreichend genaue Näherungswerte ergeben.

Nichts ist schon ideal und ein Ideal noch nichts.

Dein Realismus ist ideal für die Realität.

Aufklärung verteidigt nackte Fakten gegen bloße
Ideen und doch ein Ideal gegen böse Fakten.

Ehen realisierten immer ideale platonische Liebe.

Ohne unrentablen Idealismus
kein profitabler Materialismus, und umgekehrt.

Logik, Lyrik und Musik sind eins: Sie haben
keine realen Objekte und nichts zu sagen.

Wie kann man Vernunft realisieren,
ohne sie zu rationalisieren?

Realität erkannte man an der Form
des Romans über sie.

Wahrheit : Realitätsplagiat.

Denker sind so frei, fesselnde Ideen zu haben.

Irre heilen heißt, ihre fixen Ideen
durch die des Psychiaters zu ersetzen.

Die Geistreichsten glauben nur noch
an Materie(llstes).

Licht ist der Leichtfuß unter den Stoffen,
doch Materie kein Schwergewicht unter Geistern.

Materielle Sicherheit ist fast so viel wert
wie ein geistiges Armutszeugnis.

Kunst als Kosmetik? Chaos war nie schöpferisch,
sondern nur Material eines Schöpfers.

Materialismus : Plattfußnote zu Platon.

Kunstformen verachten einander als Kunststoffe.

Bei Berührung mit Träumen
zerplatzen wirkliche Seifenblasen.

Die Idee von Sein bestimmt das Bewusstsein.

Händeschütteln ist eine wirksame Handlung,
Kopfschütteln kein wirkliches Denken.

Logik ist in Wahrheit überall,
also in Wirklichkeit nirgends.

Stößt die Realität der Ideen
nur an Ideen der Realität?

Ideen müssen sich vor keinem Menschen verantworten, der sich vor ihnen zu verantworten hat.

Reiche haben Idyllen statt Ideale,
Arme haben Utopien statt Ideen.

Es gibt keine neue Idee,
doch viele neue Worte dafür.

Der Kopf erzeugt die Ideen, die ihn beherrschen.

Ideenlose sind gegen Idealismus.

Digitalisierung : Vom Ideal zum iDeal.

Ideen und Interessen müssen sich miteinander
maskieren.

Die Welt wird besser und bunter – früher ideell,
nun nur virtuell.

Die wichtigsten Dinge auf der Welt sind die idealen,
die es dort nicht gibt.

Eher wird Realismus zum Ideal
als ein Ideal realisiert.

Im Materialismus wirken unsere Klamotten
freier und beseelter als wir selber im Idealismus.

Künstlerische Versinnbildlichung des Ideals
ist kein praktischer Kompromiss mit der Realität.

Platon lehrte, dass ideale Ziele auf realen Wegen
nicht erreichbar sind, doch der himmlische Zweck
die irdischen Mittel heiligt.

Es gibt mehr gespenstische Materialisten
als eingefleischte Idealisten.

Ich wohne auf Sirius, und die Erde ist mein Ideal.

Marx? Kopfstand macht noch keinen Idealisten.

Ein Ideal wird nur noch an der Realität gemessen
und zu leicht befunden.

Nur der Idealist hat die nötige Distanz zur Realität,
um objektiv zu sein.

Realisten wären ohne die Realität glücklicher.

Realität ist oft ein Mix aus Kot
und Unverdaulichem.

Unwirkliches soll Wirklichkeit sichtbar machen,
doch nur Realität macht Imaginäres unsichtbar.

Konstruktivismus ist der Realismus
der Konstrukteure.

Nur Wachstum realisiert, was seine Kritiker fordern.

Weltbilder und Ideen sind oft zu unrealistisch,
weil sie nicht phantastisch genug sind.

Realismus : platonischer Materialismus.
Altruismus : platonische Eigenliebe.
Eigenliebe : platonische Selbstbefriedigung.

Der *(De-)Konstruktivist* wehrt die Realität ab
und der Realist die Theorie.

Realität ist nicht unsere einzige Fehlkonstruktion.

Die Realität macht sich ihre eigenen Illusionen,
und die Scheinwelt hat ihr eigenes Sein.

Realisten, Materialisten und Naturalisten
sehen nicht die nackte Wahrheit,
sondern nur die ausgeweidete.

Ist Realitätsgefühl ein Gleichgewicht
von Halluzinationen und Deshalluzinationen?

Materielle Sucht kompensiert oft religiöse Sehnsucht.

Materiell. Ernst *Blochs* Lösung ist ein Teil
des Problems : stoffliche Verstopfung.

Die Utopie liegt darin, materiell so genügsam
wie ideell und virtuell zu werden.

Materialismus hat meist nur Menschenmaterial.

Derselbe tote Stoff in immer neuen Formen oder
dieselbe lebendige Form in immer neuen Stoffen?

Kunst : Form als Hülle des Stoffs.
Mode : Stoff als Hülle der Form.

Einst war die Seele die Form des Leibes und der
Rohstoff des Geistes. Heute ist sie Psychologin.

Kunst-Anzeige : Konfliktstoff sucht Konsensform.

Idealist ist, wer das Materielle hat,
das der Materialist erträumt.
Idealist heißt, wer mehr Ideale als Ideen hat,
und Terrorist, wer sie zu realisieren sucht.

Wahr und Falsch, Gut und Böse,
sind keine Ideologien des Allmächtigen.

Entweder hat man Ideale, Idole, Ideologien,
Idiome, Idyllen oder eigene Ideen.

Dass politische Ökonomie unser gesellschaftliches
Schicksal sei, gehört zum ideologischen Überbau
der Epoche.

Neue Ideologien zeigen die harte Politik von
schwammigen Theorien, aber alte Institutionen
die laxe Praxis von strengen Doktrinen.

Utopiefreie Himmel sind selber utopisch,
und die nötige Macht, um Ideen durchzusetzen,
macht sie zu Ideologien.

Plato 2000. Die Idee der Schönheit muss nicht
schön sein, aber es ist gut, eine Idee vom Bösen
zu haben, und die Idee der Scheiße stinkt nicht.

Die Idee, die Wahrheit besitzt, ist ohnmächtig;
die Idee, die Macht besitzt, ist unwahr.

Ein Gorilla ohne Instinkt ist kein Mensch mit Ideen,
und ein Mensch mit Unterleib kein Affe mit Idealen.

Der Aphorismus ist als prosaische Idee so pervers,
dass er nicht per Vers denkt.

Vor der öffentlichen Meinung (Doxa) wirken
Platons objektive Ideen wie Paradoxa.

Aristoteles ging mit sinnlicher Erfahrung
gegen platonische Liebesideen, spätere Experimente
mit platonischen Zahlen gegen Substanzempirismus.

Niemand kommt auf eine Idee, die ihm kommt –
und umgekehrt.

Viele Knechte haben die eine Idee, ihrem Herrn zu
befehlen, ihnen viele Ideen als Befehle zu erteilen.

Kopf und Idee verbergen einander.
Man hat entweder ein Gehirn oder einen Gedanken.

Die Mehrheit wird eher von Idealisten materiell
als von Materialisten ideell versorgt.

Weder Platons *Idee* noch Kants *Ding an sich*
erreicht unsere glänzendsten Erscheinungen.
Meine Vorstellung verfehlt das Ding an sich,
das seine Idee verfehlt, nicht meine.

Beschädigt eine gute Idee die Realität,
profitieren beide.

Platonische Ideen sollten nicht himmelhohe Ideale
sein, die wir oder uns verfolgen, sondern unsichtbar
ferne Sterne, denen wir folgen.

Die sterilsten Ideen sind die praktikablen:
Nur Zweckloses nützt noch.

Idealisten kommen nie auf die kluge Idee,
dass um ihrer selbst willen nicht nur kluge Ideen
verfolgt werden.

Gute Menschen mit bösen Ideen verdrängen
schlechte Leute mit guten Ideen,

Die Idee von etwas, das nicht mehr subjektiv ist,
ist so subjektiv, wie es objektiv stimmt,
dass es subjektive Ideen gibt.

Dass es Widersprüche gibt, ist keiner,
und dass es keine neuen Ideen gibt, ist auch eine.

Seit es keine menschliche Idee mehr gibt
von etwas, das mehr ist als jede menschliche Idee,
gibt es auch keine Idee vom Menschen mehr.

Fixsterne und fixe Ideen bewegen uns mehr
als Automobile und Immobilien.

Die Welt lässt sich mit wahren Gedanken betrachten
und mit falschen Ideen verändern.

Wer in seiner Jugend für Idealismus zu schlau war,
bleibt für Altersweisheit zu dumm.

Das moderne Schönheitsideal hält weibliche Kurven
für ungesunde Fettpolster o. u.

Idealismus : Das Schuldigsein und Gefangensein
bestimmt kein Unrechtsbewusstsein.

Kant verging sich nicht am Idealismus,
als er sein krummes *Ding an sich* drehte.

Idealisten hatten in der Jugend getrieben,
was *Schiller* im Alter geschrieben hätte.

Platon schlug die Sophisten und meinte
die Demokraten, der Sophist schlug die Idealisten
und meinte die Sklavenhalter.

Materialisten leugnen unsterbliche Seelen,
Idealisten aber nicht sterbliche Leiber.

Materialisten denken nicht, was sie sind,
und Idealisten sind nur, was sie denken.

Der Idealismus hat alles materialistische Getue
überlebt : Geistige Arbeit wird materiell weiterhin
besser vergütet als körperliche.

Heutiges Weltbild verlötet den Biologismus inne-
rer Werte mit dem Idealismus niederer Triebe.

Wird der Kopf vom Bauch erniedrigt,
retten ihn Mathematik oder Idealismus.
Wird der Bauch vom Kopf beleidigt,
rächen ihn Kopfschmerzen oder Hirnforscher.

Naturalisten überwinden Idealisten,
weil Niedertracht die Verstiegenheit unterbietet.

Wer sich selbst akzeptiert, wie er ist,
will nur nicht seine Schuldigkeit tun und seine
Nichtswürdigkeit der Disziplin eines Ideals fügen.

Jeder sollte so viel wert sein wie das Ideal,
gegen das er nicht um sich selber kämpft.

Wir bewerten vergangene Epochen nicht nach
der Höhe ihrer Ideale, sondern nach ihrem Abstand
von diesen (und unseren) Idealen.

Die Heuchelei haben wir abgeschafft –
zusammen mit den Idealen, die wir heuchelten.

Gute Kunst täuscht wie die Lüge
und enttäuscht wie die Realität.

Naturforscher fahnden nach letzten materiellen
Ursachen aller Phänomene, als wäre die fassbare
Materie letztlich nicht viel mysteriöser
als eine unfassbare Intelligenz.

Es ist Wunschdenken, ihm durch Realismus
und Enttäuschungen zu entkommen.

Praktische Realisierbarkeit selber
kann unrealisierbar utopisch werden.

Die Theorie praktischer Realisierung von Theorien
ist praktisch nicht mehr realisierbar.

Wer blaue Blumen nicht liebt,
ist noch kein Realist.

Da die Realität nicht überall gleichzeitig
sein kann, schickt sie ihre Stellvertreter:
Worte und Zeichen.

Die Realität ist so, dass sie zu Träumen zwingt,
doch eine Idee nicht so, dass sie zum Tun treibt.

Realismus? Auf dem Boden der Tatsachen bleibt
auch, wer sich dem Erdboden gleichmachen lässt.

Es gilt, weniger gesuchte Theorien zu realisieren
als realistische Theorien zu finden.

Wer Theorien praktiziert, handelt wie einer,
der von Realität träumt.

Realität versteht der Forscher nur
in der Tradition seiner Theorien, der gemeine
Mann nur in der Praxis seiner Traditionen.

Ich bilde mir ein, dass ich mir nicht nur etwas
einbilde, wenn ich an die Realität glaube,
indem ich meinen Glauben realisiere.

Der Positivist oder Naturalist hält für real,
was auch amusische und ungläubige Leute
von der Welt sehen.

Viele Gedanken über die Macht realisieren sich
durch Macht über die Gedanken.

Deutsche Tagebücher : Ein Tropfen Realität
auf zehn Liter Innenleben ergibt eine ebenso
gesunde wie geschmacklose Brause,
die jeden Wissensdurst eher verhütet als löscht.

Eine realisierte Wahrheit wird falsch,
eine praktikable Lüge aber wahr.

Ernst *Blochs* „Prinzip Hoffnung" war ein geistiges
Antidepressivum, aber seine klinische Melancholie
auch ein realistisches Korrektiv und Beweismittel
von utopistischer Überspannung. *Blochs* Utopie
besiegt eine repressive Realität, die in seinen
Depressionen sich rächte.

Das Materielle, das bei Ernst *Bloch* der Prolet
in die Hand bekommt, ist nicht das bare Finanzielle,
sondern idealisiertes Arbeitsmaterial.

Die Welt steht vor uns wie die Realität
vor der „Realität".

Realisiere nichts Kluges, das du erkannt
haben willst, sondern erkenne das Dumme,
das du dauernd realisierst.

Wer kann der Realität noch entfliehen,
seit sie jede Phantasie übertrifft?

Verelendungstheorie. Der vierte Stand
hat den materiellen Wohlstand des Kleinbürgers
und der dritte Stand den intellektuellen Tiefstand
des Proleten erreicht.

Geistreiche sollten mit kleinem materiellen
Vermögen nicht schlechter fertig werden
als Neureiche mit kleinem geistigen Vermögen.

Habenichtsnutz. Materielles Eigentum wird besser
geschützt als ideelles, dem es sich verdankt.

Versichere keinem Materialisten, dass du ihn
gegen alle Geister und Ideen versichern kannst.

Seinen geistigen Untergang erlebt,
wer sich in keine Materie versenkt.

Einst schuf bescheidener Geist materiellen Wohlstand, und einst sollte materielle Bescheidenheit
ideellen Reichtum schaffen.

Religion hilft gegen Materialismus, Naturalismus
und Relativismus, nicht aber gegen Demokratie,
Aufklärung und Pluralismus.

Utopisch wäre schon die Erkenntnis, dass die ganze
Weltgeschichte als ewiger Kampf um Materielles
menschenunwürdig albern war.

Die geistige Armutsgrenze liegt selten
beim materiellen Existenzmaximum.

Wer zu tief vorm Materiellen kniet,
kniet sich nicht tief genug in die Materie.

Was verrohte Länder an Rohstoffen gewinnen,
sind ja in Wahrheit ideale Fertigprodukte und edle
Luxusgüter, die in Fabriken zerstört werden.

Was gilt, ist prinzipielles Gegenteil aller Prinzipien.

**Unwahrheit über Unwahrheit
ist noch nicht Wahrheit**

Wahrnehmungen geben nur die Wahrheit
von Wahrgebern wieder.

Wenn Materialisten die Wahrheit über Ideale
sagen, sagen nur Idealisten die Wahrheit
übers Materielle.

Die nackte Wahrheit würde mehr geliebt,
wenn sich mit ihr schlafen ließe.

Im Wein liegt die hundertprozentige Wahrheit
der Winzer und Säufer.

Urteilswahrheit ist auch nur Konformismus:
Anpassung des Kopfes an die Welt,
wie sie nun einmal ist.

Was ist Wahrheit? Die größte Applausibilität.

Pflicht zur Wahrheit ist Diktatur,
Demokratie ist Recht auf eigenen Blödsinn.

Ich sage dir die Wahrheit nicht ins Gesicht, wo
ich dir in die Larve lüge, und Wahrsager sagen
dir die Wahrheit, aber nur ins *zweite Gesicht.*

Wahrheit ist wahrhaftig etwas mehr
als ein Fehler bei der Fehlersuche.

Um eine Wahrheit glühend verfechten zu können, genügt es, sie selbst nicht ganz zu glauben.

Wer die Wahrheit nicht weiß, der irrt,
und wer sie sagt, ist irre.

Lebenserfahrung ist die Summe erfolgreicher
Bemühungen, aus der Wahrheit eine Jugendtorheit oder Kinderkrankheit zu machen.

Wahrheit ist eine Minderheit,
die eine Mehrheit terrorisiert.

Im Paradies durfte Eva nicht die Wahrheit,
im Bett aber ihren alten Adam erkennen.
Wenn wir alle von Adam und Eva abstammen,
ist jede Liebe verbotener Inzest?

Denken fällt so schwer, weil es das Leben
erleichtert, und wer Wahrheit sucht,
ist kein Utopist, sondern eine Utopie.

Marx wollte die Welt nur verändert wissen,
bis zur Erkennbarkeit der Wahrheit.

Wahrheiten wollen wie Lügen verbreitet
werden, um Gehör zu finden.

Wer die Wahrheit über Flüsse sagt, vereist sie.

Die Wahrheit besteht im Leben darin, dass man
über Unsinniges auch nur Unsinn redet.

In Wahrheit werden bewährte Irrtümer
bewahrheitet wie Wahrheiten belogen.

Irren ist menschlich. Dann aber ist Wahrheit
laut *Nietzsche* als unmenschlich zu bekämpfen.

Wahrheit : Realitätsplagiat.

Lüge behält die Wahrheit und Aufrichtigkeit
ihre Verlogenheit für sich.

Toleriert wird nicht mehr, dass eine *absolute
Wahrheit* toleriert werden will und kann.

Wissenschaft irrt oft so gekonnt,
dass sogar Wahrheit an ihr irrewerden kann.

Und die Wahrheit von Wahrheitsbeweisen?

Wahrheit heißt: Die Stimmung stimmt bestimmt
mit dem überein, was stimmt, aber verstimmt.

Wer die Wahrheit weiß, will keine Demokratie.

Logik ist in Wahrheit überall,
also in Wirklichkeit nirgends.

Die Wahrheit siegt am Ende, wie Pyrrhus.

Darfst du über die ganze Wahrheit urteilen,
ist sie dir unterworfen, also falsch.

Lügen müssen plausibel wirken,
Wahrheiten paradox.

Wer Wahrheit will,
braucht keine eigene Meinung.

Wahrheit ist der einzige Besitz,
der keine Tür öffnet.

Jeder hat was zu sagen,
und sei es nur die Unwahrheit.

Sadisten sagen immer die Wahrheit.

Keiner will die Wahrheit wissen.
Sie trägt keinen Stempel „Streng vertraulich!".

Etwas wird so oft widerlegt,
bis seine Wahrheit bewiesen scheint.

Nur der Lügner will und muss
die Wahrheit kennen.

Die Wahrheit ist in dem Irrtum befangen,
mit ihm nicht koexistieren zu können.

Die Wahrheit kann man eher in Gewahrsam
nehmen als wahrnehmen.

Wahrheitsliebe ist gewöhnlich eine neurotisch
gehemmte Libido mit notorisch schlechtem
Gewissen.

Dem Aphoristiker fällt zu Binsenwahrheiten
noch Originelles ein, nicht zum Sonderbarsten
noch eine Phrase.

Wer die Wahrheit eine Wahrheit nennt,
lügt schon.

Der Realist sieht nicht die nackte Wahrheit,
sondern nur die ausgeweidete.

Die Wahrheit ist zu sagen nur unter Folter,
nie über Folterer.

Wahrheit ist ein Tyrann ohne Truppen,
Wirklichkeit ein Heer ohne Führer.

Weise stehen einen Meter vor der Wahrheit,
Aphoristiker einen Zentimeter dahinter.

Gesicherter sind Erkenntnisse heute vor alten
Wahrheiten als vor neuen Irrtümern.

Der Aphorismus wird ein Sprichwort,
wenn niemand sich mehr vorstellen kann,
dass die Binsenwahrheit mal ein Paradox war.

Freiheitskämpfer gehorchen keiner Wahrheit,
Wahrheitssucher dulden keine Willkür.

Ist jede Wahrheit die Schmerzproben wert,
in denen sie sich bewährt?

Eine Wahrheit verdeckt besser als jeder Irrtum
die tieferen Wahrheiten hinter ihr.

Kein Paradox ist wahr, doch warum
wirkt Wahrheit fast immer paradox?

Nicht wenige Geisteswerke sind kritisch,
präzise recherchiert, aufrichtig und authentisch,
tolerant und pluralistisch, besonnen und
humanistisch und doch nicht die Wahrheit.

"Es gibt keine absolute Wahrheit" über uns,
sagen die absolutistischen Herrscher.

Hört er Lügen über sich, ist jeder so empört,
als hörte er die Wahrheit über sich.

Die ganze Wahrheit über das Sein könnte
kein *Heidegger* sagen, sondern nur das Nichts,
und das hat auch bei ihm nichts zu sagen.

Die Zukunft wird nur Beweise liefern, dass wir
zu Recht die Wahrheiten von heute schon heute
als Vorurteile von morgen betrachten dürfen –
und die Beweise als Vorurteile von übermorgen

Warum hüten Wahrheiten oft besser
als Lügen unsere Geheimnisse?

Verbreitest du Lügen über mich,
verbreite ich die Wahrheit über dich.

Was verrohte Länder an Rohstoffen gewinnen,
sind ja in Wahrheit edle Fertigprodukte,
die in Fabriken zerstört werden.

Wahrheit ist Übereinstimmung des Hirns,
das unsere Naturbilder produziert,
und der Natur, die unsere Hirne produziert hat.

Aphorismen mögen bloße Halbwahrheiten sein,
und Wissenssysteme geben die restlichen
Halbirrtümer ab.

Tolerieren kann man dumme und feige
Irrtümer, die nackte Wahrheit braucht mehr.

Intellektuell ist der Zweifel,
ob man um der guten Sache willen lügen
oder ihr um der Wahrheit willen schaden soll.

Sind Schwarze, Rote oder Gelbe die Wahrheit
der Weißen?

Ist eine Wahrheit das Recht, ihre unbelehrbaren
Gegner geisteskrank zu schreiben?

Die Idee, die Wahrheit besitzt, ist ohnmächtig;
die Idee, die Macht besitzt, ist unwahr.

Werbeanzeigen lügen, verraten aber die letzte
Wahrheit der Medien.

Es ist vernünftig, sich der Wahrheit zu unterwerfen. Wer sich überhaupt unterwerfen will,
muss das, dem er sich fügt, als wahr erweisen.
Was dazu dient, heißt Vernunft.

Keiner ist der Wahrheit näher,
als wer etwas Grundfalsches denkt.
Die meisten bringen es nur zum halben Unsinn.

Eine realisierte Wahrheit wird falsch,
eine praktikable Lüge aber wahr.

Bedient die Lüge sich der Wahrheit,
dient das Wahre noch keinem Wahn.

Solange dir jeder die Wahrheit sagt,
gehörst du noch zur Unterschicht.

Enthauptete Hirnforscher behaupten,
dass das Gehirn hauptsächlich seine Macht
und keine Wahrheiten behauptet.

Ewige Wahrheiten langweilen uns mehr
als das ewige Leben.

Was jeder als erstes in seinem kurzen Leben
findet, ist die letzte Wahrheit, dass er versuchen
soll, sie nicht lange und lange nicht zu suchen.

Eine kleine Bosheit ist noch keine große Güte,
doch eine große Wahrheit immer nur
ein kleinerer Irrtum.

Mancher erfindet die Wahrheit,
wo er die Falschheit entdeckt.

Wer der Wahrheit wehren will,
warnt vor der Lüge – und umgekehrt.

Freiheit lässt sich durchaus in Zwangsatome
zerlegen, Gerechtigkeit in Unrechtsquanten,
die ganze Wahrheit ganz in Molekularlügen.

Nicht jede Enttäuschung ist eine Wahrheit.

Du hast die Wahrheit schon gefunden.
Sie sucht dich noch.

Es gibt nur grobe Wahrheiten. Oft differenziert
man nur, um eine Wahrheit zu verwässern.

Es ist besser, durch absolute Wahrheit befreit
zu sein als von absoluter Freiheit gefesselt.

Kunst ist nicht Heideggers „Ins-Werk-Setzen
der Wahrheit“, sondern der unbewussten Un-
wissenheit, seit unser Urwissen verloren ging.

Wer Güte sucht, sucht nicht mehr Schönheit,
wer Schönheit sucht, nicht mehr Wahrheit,
und was wahr ist, ist kaum mehr *gut und schön*.

Tatsachen und Wahrheiten kleiden sich oft in
Nacktheit und enthüllen sich in Lug und Trug.

Beweisen lässt sich Lüge mit Wahrheit
eher als Wahrheit mit Lüge.

Güte und Bosheit, Armut und Reichtum,
Dummheit und Klugheit, Wahrheit und Lüge
sind auch Satiren und Parodien aufeinander.

Ich sehe vor allem das Körnchen Wahrheit
in meinen vielen Irrtümern und die Berge
von Schutt über deinem Goldkörnchen.

Ein Philosoph wird von Vater Staat dafür
bezahlt, dass er mit der reinen nackten Wahrheit
schläft, ohne sie zu heiraten und zu schwängern.

Man will die Wahrheit hören, weil man lieber
lügt als belogen wird, und nicht, weil man
lieber irrt, als irre wird an ihr.

Und es gibt wenig Gutes in der Welt. Das ist
am Besten das Schlimmste. Es gibt viele Wahrheiten. Das ist das Falsche an der Wahrheit.

Wer die Wahrheit findet, erwirbt das Recht,
ihr Märtyrer zu werden.

Demokratie diktiert Moden
und lässt über objektive Wahrheit abstimmen.

Nothink is nothing. Plato setzte die eine Wahrheit über die eine Welt gegen sophistische Wahrheiten über atomisierte Welten.

Heute darf man die Wahrheit sagen,
aber nur noch sie.

Aphoristische Halbwahrheit gilt als intransparente Halblüge. Die ganze Wahrheit sagt nicht, wer Bruchstücke zusammenfügt. Man weiß nie, wie viele fehlen und ob sie ganz passen.

Gibt es die reale Außenwelt oder nur Hirngespinste? Stammst du von Gott oder von Affen ab? Habe ich Glück oder Krebs? Dem gesunden Menschenverstand liegt die Wahrheit auch hier in der Mitte.

Was Wahrheit nicht mehr in den Mund nimmt,
nimmt Lüge in die Hand.

Wahrheitsliebe mag sadistisch sein,
doch nicht jeder Quälgeist wissensdurstig.

Schlechtgesagte Wahrheiten
sind noch nicht gutgesagte Lügen.

Der Wahrhaftige ist eher der Leibhaftige
als Klugheit schon die Wahrheit.

Wer auf Widerstand stößt, erfährt eher
die Wirklichkeit als die Wahrheit über sie.

Wahrheiten und Lügen
können einander beweisen.

Zeitlebens werden wir an Irrtümern,
Lügen und Wahrheiten gehindert.

Am liebsten beweist dein Verstand deine Irrtümer, widerlegt dein Gefühl deine Wahrheiten.

In Wahrheit oder in Wirklichkeit gilt Wahrheit
nur als nackte Realität oder Wirksamkeit.

Die Wahrheit über beide
steht zwischen dir und der Welt.

Gibt's Wahrhaftigkeit ohne Wahrheit
wie Richtigkeit ohne Aufrichtigkeit?

Keine Wahrheit über Wirklichkeit ohne
Selbstenttäuschung des Selbstbewusstseins.

Wahrheitsfindung:
In dubio pro teo contra meum?

Wahrheit wirkt als Illusion, ihr durch
Desillusionierungen nahe genug zu kommen.

Die Wahrheit liegt nur in (der Nähe) der Mitte,
um die sie oder die um sie herumeiert.

Griff im Begriff, Gehalt in Gestalt

Form und Inhalt streiten sich immer, ob Wein
am Boden besser ist oder Wasser im Goldpokal.

Gefühle sind die häufigste Form der Flucht
vor Handlungen und Gedanken.

Aus dem Begriff eines Gottes folgt noch nicht seine
Existenz, ja, aber aus der Existenz eines Menschen
auch nicht, dass er von irgendwas einen Begriff hat.

Auf die Begreifung unvollendeter Tatsachen
ist zu wenig Belohnung ausgesetzt.

Der Starke wagt, den Schwachen so wenig
im Geiste anzugreifen wie der Schwache
den Starken in Wirklichkeit.

Es wird zurecht gesagt, alles Wesentliche sei schon
gesagt, aber dass alles Wichtige schon gesagt ist,
lässt sich ja gerade niemand gesagt sein.

Eine Sache, die vergehen kann und zu be-greifen ist,
hat Hand und Fuß.

Wer hinter die Dinge schaut, sieht ihr Wesen.
Heute sieht man die Dinge selbst erst,
wenn man hinter ihr Unwesen schaut.

Jeder Begriff von der Welt abstrahiert nur
von ihrer Unbegreiflichkeit.

Begriffen und Gefühlen ist gemeinsam,
sie sind schreckliche Vereinfacher.

Trachten gegen Betrachten. Meine Begriffe von
Dingen kopieren deine Griffe nach diesen Dingen.

Ein Begriff von Elend, der (nicht) elend macht,
ist falsch.

Mein Leib enthält mehr als den Kopf,
mein Kopf mehr als den Leib.

Bilder beurteilen so wenig
wie Begriffe ausdrücken.

Philosophie : Wer Seine Gedanken liest,
macht sich vom Ewigen jenen Begriff,
der Seine Existenz beweist.

Der beste Griff nach den Sternen ist ein rechter
Begriff von den Sternen und von den Gestirnen in
den Gehirnen wie den Gehirnen auf den Gestirnen.

Handgreifliches lässt sich ohne Allgemeinbegriffe
so wenig begreifen wie ein abstrakter Begriff
durch konkrete Bilder erfassen.

Phänomen : Lässt sich ihre Existenz verstehen statt
fühlen, wenn das Wesen einer Sache angeschaut
statt begriffen wird?

Ergreift die Initiative, die euch ergreift,
und begreift sie!

Pragmatische Praxis ist viel unbegreiflicher
als gute reine Theorie.

Wer nach allem greift, begreift nichts;
wer alles erfasst, fasst nichts an.

Die Furcht ergreift dich, du ergreifst die Flucht,
und was begreifst du?

Ihr Unwesen, das sie treibt,
ist gerade nie das Unwesentliche an der Sache.

Nach jedem Ding greifen heißt nicht,
alle Begriffe davon zu erfassen.

Begriffe sind Angreifer, die ihre (über)griffigen
Objekte als handgreifliche Angreifer erfassen.

Wer zum Anfassen ist, ist zum Angreifen
statt zum Erfassen und Begreifen.

Begriff: Flugrichtung einer Vogelschar
oder Rennrichtung einer Schafsherde.

Allgemeinheit : Alles ist eins und gemein.
Inbegriff von Tod : Alles ist eins und nichts.

Ein fester Begriff schlägt alles zu Fliegen
mit seiner großen Klappe.

Wer sich dabei noch etwas vorstellen kann, kann
noch gar nichts verstanden und begriffen haben.

Ungenaue Erfassung des Exakten ist noch
keine präzise Erfassung des Ungenauen.

Im Wesentlichen offenbart jedes Wesen nur
Unwesentliches vom Unwesen, das es treibt.

Jeder Handgriff vergreift sich an einem Begriff u. u.

Man hat eher einen Begriff für Gott als von Ihm.

Alles geht in seinem Inbegriff so *zu(m) Grunde*
wie jeder im Tode.

Die Gatten sind tot, es lebe die Gattung
und ewig der Gattungsbegriff!

Die Welt ließ sich nur religiös und lässt sich nur
mathematisch erfassen – das gleiche Wunder?

Lass die Finger von dem, was du erfassen willst!

Menschen schaffen Worte, um die Welt zu erfassen;
der Ewige erschafft Welten, die Sein Wort erfassen.

Zusammenfassung. Entsteht schon Selbstbewusstsein, wenn deine Fingerspitzen deine Fußspitzen
selbst erfassen?

Ich bin in Form. Ohne Inhalt. Andere haben Gehalt,
doch kaum Gestalt und Fasson.

Techniken : konkrete Formen abstrakter Formeln:
Abstrakte Gehalte beziehen konkretes Gehalt.

Kunst informiert durch Form darüber,
dass sie über nichts informiert.

Ein Aphorismus, philosophischer Gehalt in literarischer Gestalt, begründet sich durch seine Form.

Formale Logik : Gefrierfachbereich des Kopfes.

Für Georg Simmel. Form kämpft gegen Form,
nicht Leben gegen Formen.

Aphoristische *Form* ist Zuckerguss,
der bitteren Pillenwirk*stoff* versüßt.

Hält die Uniform eher den Inhalt
oder der Inhalt die Uniform aus?

Die Form ist im Denken die Hülle des Stoffs
– umgekehrt in der Mode.

Die Logik ist ein Wahrheitsknigge, wie der Kopf
im Leben vorankommt, indem er konsequent
nur die Formen wahrt.

Der Zerfall ist die natürlichste Form der Analyse.

Informieren besteht im (Uni-)Formieren.

Franzosen entwickeln sich, um (beurteilbare)
Gestalt anzunehmen. Deutsche entwickeln sich
ständig weiter, vom Formlosen zum Unförmigen.

Was formlos oder unförmig wirkt, kann strenge
Form von gestern oder von drüben sein.

Manche Dinge enthalten ganze Begriffe, und
diese ganze Urteile, Schlüsse und Entschlüsse.

Kann ein Begriff – oder auch Witz – nur Gemein-
samkeiten zwischen Dingen entdecken, die dem-
selben Urheber oder Ursprung entstammen? Und die
verschiedenen Dinge, die unter ihren Begriff fallen,
sind dessen innere Unterschiede von sich selbst.

Etwas begreifen heißt, es sich und uns begreifbar
zu machen. Wer sich einen Begriff macht, hat noch
nicht nachgedacht *über* das, was *unter* ihn fällt.

Wer Begriffe zergliedert, kommt auf ihre Objekte,
und wer Objekte zergliedert, auf ihre Begriffe:
Erkenntnis bewegt sich im Kreis –
ihrer erdachten Gegenstände.

Was die Sprache von einer Sache aussagen will,
kann ein Begriff nur von einem Begriff aussagen.

Ein Begriff fußt wie die Weltanschauung
auf Anschauung, doch was macht den Begriff
der Anschauung eigentlich anschaulich?

Man macht sich kein Bild von dem, was man
sich einbildet, und keinen Begriff von dem, was
man nicht im Griff hat, doch was man im Griff hat,
wird deshalb nicht ergreifenswert.

Wie hängen begriffliche Zusammenhänge zwischen
Erfahrungen mit empirischen Zusammenhängen
zwischen Begriffen zusammen?

Im Witz und Esprit fällt ein Individuum unter
einen Begriff, dem es widerspricht, indem es
einen anderen Begriff sprengt, dem es entspricht.

Abstraktes Denken braucht konkrete Dinge,
konkretes Handeln aber abstrakte Begriffe.

Für unsere Gattung sind sinnliche Begattungsgriffe
sinnloser als besonnene Gattungsbegriffe.

Eine unmögliche Nichtexistenz zu denken, ist ja
möglich, aber muss sich Existenz so definieren,
dass sie nie als Teil eines Begriffs existieren kann?

Adam *erkennt* Eva: Wer sinnliche Empfänglichkeit
ohne abstrakte Begriffe will, nimmt Antikonzeptiva.

Das Ding, von dem du wahrhaft einen Begriff hast,
erfüllt damit noch nicht seinen wahren Begriff.

Philosophen denken kaum noch,
sie handeln nur noch. Mit Begriffen.

Jeder Begriff ist vieldeutig, sofern er jedes
seiner Einzelobjekte bedeuten kann, die unter
ihn fallen, und nicht nur jene, die auf Grenzlinien
zu Nachbarbegriffen liegen.

Philosoph ist ein Mensch, der alles, was uns hand-
greiflich überwältigt, auch begrifflich bewältigt,
ohne dass er aufhört, sich vergewaltigt zu fühlen.

Jede übergreifende Einheit neigt zum Übergriff
auf Einzelne.

Idyll. Wer sich von allem keinen Begriff
machen kann, macht sich ein Bild, und
wer sich nicht selbst ein Bild machen kann,
macht ein Foto oder Image.

Ist „Gott" ein bloßer Begriff von einem Jenseits
aller bloßen Begriffe?

Heute opponieren die Klassen derer,
die zu schwer und die zu leicht von Begriff sind.

Für *Hegel* wandelt ein philosophischer Begriff
seine eindeutige Bedeutung so, dass er kraft ihrer
in den übergeht, von dem er tradiert, dementiert
und präzisiert wird.

Wissenschaft zerlegt die Welt aus Angst vor ihr
in objektive Begriffe und subjektive Bilder.

Von allem lässt Kunst die wesentlichen,
Wissenschaft die unwesentlichen Züge weg.

Um das Wesen der Welt zu erkunden,
reicht weniger als ein Menschenalter aus;
um die Welt selbst zu erkunden, reicht kaum
das Lebensalter der Menschheit.

Phänomenologen tragen das Wesen der Dinge
zur Schau, als gäbe es sie gar nicht.

Unser Drang, durch die Fassade zum Wesenskern
der Dinge vorzustoßen, gehört zur Fassade.

Psycho : Neues von Freuds Couch
Unbewusste Liebesfreuden?

Freud zeigte, woran der sich vergeht,
der vor Angst und Lust vergeht.

Übermensch ohne Gewissen? Freuds *Über-Ich*
ist nicht der Mensch, der über sich steht
oder sich über ist und hat.

Am gemeinen Volk wie am Adel neidete und
bewunderte Freud die allgemeine Hemmungs-
losigkeit.

Zwangsneurose? Freud befreit mich von seinem
Komplex, dass Religion mein Komplex ist.

Tiefenpsychologie ist kein Umweg vom
Krankenbett über Freuds Sofa ins Himmel-
und Lotterbett.

Marry the christmiss. Jesus liebte seinen himmlischen Vater und hasste seine leibliche Mutter. Freud hätte ihn behandelt.

Psychoanalyse ist Passion für fremde Passionen, soweit sie (die Zensur) nicht passieren, und nicht die Wissenschaft von Freuds Seele.

Psychologie ist oft ein Versuch, die menschliche Seele zu umgehen.

Psychologen sind sehr kreativ darin, Leute nicht zu verstehen, die sich in Meisterwerken und nicht nur in Kleisterworten ausdrücken können.

Psychologen, die Moralisten nicht überflüssig machen, sind fast überflüssig.

Unterschenkel unterm Unterleib. Unbewusstes verhält sich zu Unterbewusstem wie Unordnung zu Unterordnung.

Was gegen den Bewusstseinsstrom schwimmt,
muss nicht unbewusst sein.

Freud legte unsere Scheiße
und unser Schweigen auf die Goldwaage.

Freud 2020 : Der Moraltrieb wird heute
verdrängt von Sexual- und Kapitalpflichten.

Amor läuft Amok : Der Lustmord ist ein Freudscher Verlieber und Mordsspaß ein Freudscher
Verhasser.

Je unbewusster, desto selbstbewusster.

Wissen ist Macht,
doch Unbewusstes nicht ohnmächtig.

Die schlimmsten Neurotiker liegen nicht auf
Freuds Couch : Am meisten leiden wir unter
denen, die weder unter uns noch unter sich
selbst leiden.

Nach Freud kann das Innere mehr trügen
als das Äußere.

Heute verdrängt man alles ins Öffentliche.

Auf Freuds Couch beichtet jeder die Sünden,
die er nicht zu begehen wagt.

Freud dachte hoch von den Menschen:
Sie halten ihre Versprecher.

Seit Freud wissen wir, was die Wirklichkeit
von den Idealen trennt : die Inzestschranke.

Seit Eros überall ist, wo keiner ihn vermutet, ist
er nur nicht mehr dort, wo jeder ihn vermutet.

Freud träumte nicht von Weltveränderungen,
veränderte aber unsere weltlichsten Träume.

Irrenanstalten sind noch keine Freud-Häuser.

Jung zu Freud hat nie gereut.

Marx und Freud streiten sich, ob wir erst
Lebensmittel erzeugen oder uns zeugen müssen.

Freud ist der Erfinder des Unbewussten, ohne
dessen Wissen nichts geschieht? Ich habe im
Unterbewusstsein nicht diese Sauereien der
Psychotherapeuten : Ich liebe Mutter Natur, und
Gottvater ist für mich schon lange gestorben.

Das Leben ist ein Traum, sagten die Alten —
und lebten. Träume sind Wunscherfüllungen,
sagte Freud – und träumte.

Wurde Freud Propagandist: Weil schöne Träume auf die hässliche Realität hindeuten, deuten
unsere Alpträume auf eine schöne Wirklichkeit?

Psychotherapeuten leihen uns ihr Ohr
zu Wucherpreisen, um uns zu dem
zu überreden, was wir sowieso wollen.

Freud 2020 : Fresstrieb, Wollustlosigkeit
und Geltungsdrang sind weiter unverdrängbar,
und im Oberstübchen des Untertans wohnt noch
der Unterleib der Obrigkeit.

Welcher Freud wird aus der Frühkindheit des
Künstlers seine Werke voraussagen und dann
aus den Wunschwerken das Kind erziehen,
das sie später erschaffen wird?

Wer geschmeichelt ist von so viel Tiefe
unter seinem oberflächlichen Wissen,
soll sich von Freud gedemütigt fühlen?

Freuds Menschendefinition:
homo est animal rationalisans.

Mord und Selbstmord psychotherapieren
einander gern.

Lässt du bewusst unbewusst,
was du unbewusst dir bewusst machst?

Den Verstand sah Schopenhauer im Dienst
des Willens und Freud im Joch der Triebe,
also den Menschen klug genug, sich von
seiner Dummheit besiegt zu sehen.

Deutete Freud unseren Widerstand dagegen,
noch Widerstand gegen ihn zu entwickeln?

Seit das Selbstbewusstsein vom dunklen
Unbewussten weiß, will es vom klaren
Bewusstsein nichts mehr wissen.

Wissen macht blind für besseres Wissen, doch
Unwissen nicht hellsichtig für Unbewusstes.

Tiefenpsychologen stellen probate Terminolo-
gien bereit, mit der seelisch Behinderte verbergen können, dass sie sich und uns nie verstehen.

Berechnende Logik menschlicher Beziehungen
ist nicht Psychologie mathematischer
Relationen.

Sophokles´ Ödipus liebte seine Frau und wusste
nicht, dass sie seine Mutter war. Freuds Ödipus
liebte seine Mutter und wusste nicht,
dass er sie begehrte.

Widerstand leistet ein Freud sowohl dem Widerstand des Patienten gegen seine Wahrheit als
auch allem Uninteressanten, was am Patienten
nicht Widerstand ist – also allem am Patienten?

"Vatermord" heißt heute, das "Über-Ich" abzu-
schaffen als "rigide" Repressalie. Dann ist mein
"Ich" wieder allein(s) mit Mamas "ubw-Es".

+ + +

Sekundärliteratur zum Aphorismus

Gerhard Neumann (Hg.): „Der Aphorismus.
Zur Geschichte, zu den Formen und Möglichkeiten
einer literarischen Gattung", Darmstadt 1976

„Ideenparadiese. Untersuchungen zur Aphoristik
von Lichtenberg, Novalis, Friedrich Schlegel und
Goethe", München 1976

Peter Krupka: „Der polnische Aphorismus",
München 1976

Hans Peter Balmer; „Philosophie der menschlichen
Dinge. Die europäische Moralistik", Bern 1981

Harald Fricke: „Aphorismus", Stuttgart 1984

Gisela Febel: „Aphoristik in Deutschland und
Frankreich", Frankfurt/Main 1985

Klaus von Welser: "Die Sprache des Aphorismus",
Frankfurt/M. 1986

Heinz Krüger: „Über den Aphorismus
als philosophische Form", Frankfurt/M. 1988

Werner Helmich: „Der moderne französische
Aphorismus", Tübingen 1991

Stefan Fedler: „Der Aphorismus. Begriffsspiel
zwischen Philosophie und Poesie“, Stuttgart 1992

Paul Geyer / Roland Hagenbüchle: „Das Paradox“,
Tübingen 1992, Würzburg 2002²

Thomas Stölzel: „Rohe und polierte Gedanken.
Studien zur Wirkungsweise aphoristischer Texte“,
Freiburg 1998

Lada Lubimova: „Struktur und Funktion des Aphorismus : eine textlinguistische Studie“, Bremen 1998

Robert Zimmer: „Die europäischen Moralisten“,
Hamburg 1999

Michael Esders: „Begriffs-Gesten. Philosophie als
Kurze Prosa von Friedrich Schlegel bis Adorno“,
Frankfurt/Main 2000

Rüdiger Zymner: „Aphorismus“, In: Kleine literari-
sche Formen in Einzeldarstellungen, Stuttgart 2002

Friedemann Spicker: „Kurze Geschichte
des deutschen Aphorismus“, Tübingen 2007

„Die Welt ist voller Sprüche. Große Aphoristiker
im Porträt“, Bochum 2010

Rolf Friedrich Schuett : „Aphorismus – Philosophischer Gehalt in literarischer Gestalt“, 2019

Aphoristische Themenbände des Autors

„Frauen, Freiheit, Liebe und Proleten"

„Lesen und Schreiben, Denken, Bildung,
Fortschritt, Geschichte und Alter"

„Psychologen, Soziologen und Ästheten"

„Natur, Gesundheit, Glück und Philosophie"

„Arm und Reich in Recht und Freiheit"

„Wissenschaft, Moral(ismus und Lebenslust"

„Der Mensch als Herr und Knecht,
Traum, Geist und Revolte"

„Ganze Halbwelt aus heilen Umwelten? –
*Erfahrung, Hören, Sachlichkeit,
Sprache, Verstand und Technik"*

„Grenzenloser Witz auf die beschränkte Welt?
Kosmetischer Kosmos aus chaotischem Willen"

„Neuer Cherubinischer Wandersmann –
Laienbrevier voll himmlischer Spruchweisheit"